ESSAI

L'ÉCONOMIE SOCIALE.

ESSAI

SUR

L'ÉCONOMIE SOCIALE,

Par M. A. SALÉTA, avocat.

PRIX : 40 C.

PERPIGNAN.

IMPRIMERIE DE JEAN-BAPTISTE ALZINE,

Rue des Trois-Journées, 4.

1849.

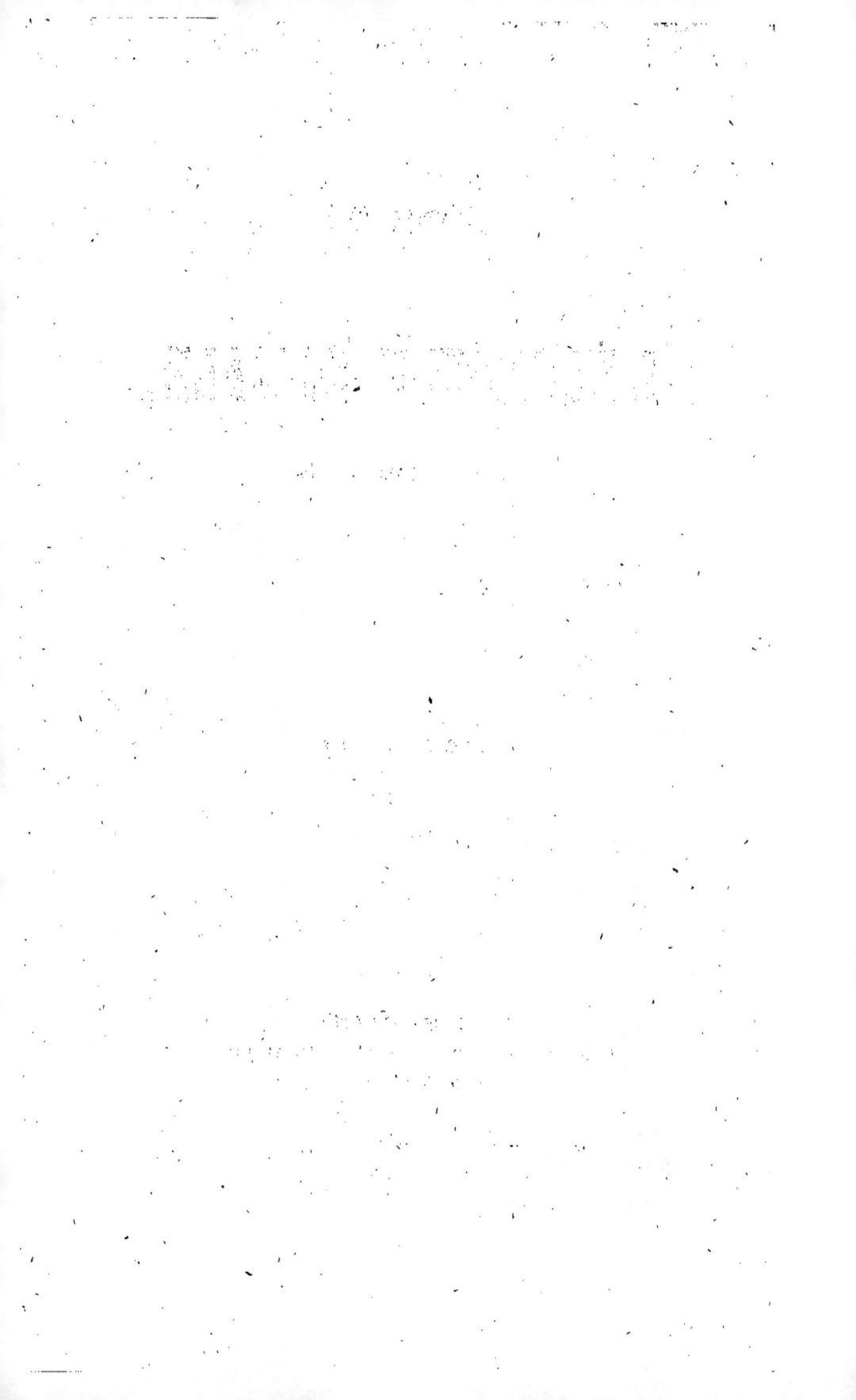

AVANT-PROPOS.

L'humanité, après avoir secoué aujourd'hui, dans ses principaux états, le joug du despotisme qui prétendait l'arrêter dans sa marche progressive, y fera de grands pas, éclairée par le flambeau des sciences, en suivant désormais sans entraves ses sublimes instincts de justice sous l'égide de la liberté. C'est surtout à l'association de tous les intérêts, de toutes les sympathies, qu'elle devra l'inépuisable fertilité du sol pour la nourrir, et son éducation physique, intellectuelle et morale, qui lui fera atteindre un haut degré de perfection, en brisant les langes des préjugés qui paralysent ses efforts dans sa règle de conduite, l'économie sociale pratique, qu'attendent les sages réformes de la théorie; elle en sera redevable à l'école de l'ordre, par excellence l'école républicaine établie par la liberté, où la représentation égale de tous les intérêts se concilie dans une action commune qui établit l'unité dans le gouvernement, et substitue l'harmonie à l'antagonisme, le progrès continu aux révolutions qui le ramènent. L'ordre monarchique a été établi par la compression; il a tari le cours de la prospérité publique, dont il prétendait disposer à son profit, pour satisfaire son orgueil, en faisant appel aux mauvaises passions; il a dévoré son présent, son avenir, il a tué le crédit; lorsqu'on a voulu l'étayer d'institutions républicaines, il s'est servi de la richesse qu'il leur devait pour réagir contre elles. Il a toujours creusé l'abîme où il devait s'engloutir, depuis le moment où la haute aristocratie n'y a plus dominé par la contrainte, mais bien par l'adulation, en exploitant ses faiblesses et y joignant les vices qui l'avilirent, et surtout les extorsions sous la régence de Marie-Médicis, qui précipitèrent sa chute. Il n'y a eu qu'une seule exception, elle est due, chez nous, au génie de Sully dans une époque de transition où tout avait péri, où il fallait tout créer. « C'est, dit l'histoire, qu'il était plus jaloux de l'honneur de son maître que de sa faveur, et plus empressé de lui être utile que de lui plaire ; il ne le ménageait pas plus qu'un autre ; il connaissait de plus grands malheurs que sa disgrâce ; c'est qu'il était son ami parce qu'il était citoyen, et quand Henri se préférait à la France et voulait passer avant elle, son ministre lui opposait autant de résistance qu'il lui montrait d'ordinaire de dévoûment. » Après dix années de prodiges d'administration, il fit sortir la France de ses ruines par les progrès de l'agriculture qui amenèrent ceux de l'industrie et du commerce. « Le labour et le pâturage, disait-il, sont les deux mamelles de la France. » Les impôts sont mal assis et mal répartis ; ils ne sont proportionnels ni à la fortune, ni aux jouissances des individus ; la taille est excessive, elle frappe le sol de stérilité et ôte au laboureur les moyens et la volonté de perfectionner la culture des terres ; l'usure est extrême : il s'agit de rétablir les finances et le travail. Sully parcourt la France, interroge le sol, le climat, la position, afin de déterminer le genre d'industrie qui convient à chaque province ; le nombre des employés subalternes est considérablement diminué ; dans une seule année, il remet au peuple 20 millions de tailles (40 millions d'aujourd'hui), et répartit cette charge avec plus d'équité entre les contribuables ; il diminue l'impôt du sel, débarrasse la circulation des marchandises des impôts qui l'auraient gênée, baisse l'intérêt légal, et use de toute son influence pour que les riches propriétaires produisent et rendent au sol qui les nourrit, une partie des richesses qu'ils en tirent, plutôt que de les dépenser entièrement dans le luxe et de rester étrangers à leurs terres ; il encourage le travail qu'il regarde comme le principe de la richesse publique : et surtout comme le régulateur des mœurs nationales. C'est en multipliant les produits propres à chaque terrain, et en facilitant la circulation des marchandises, qu'il accroît les revenus publics ; d'après lui, l'impôt ne doit pas entraver l'activité du citoyen qui seule peut l'enrichir.

L'agriculture s'est développée avec le bien-être public tant que ce système a été suivi ; mais déjà, sous Mazarin, le fardeau des impositions pesa sur l'industrie et le travail, et la production agricole ne marcha plus du même pas que la consommation. La décadence de l'agriculture ne peut être aujourd'hui contestée, mais il faut aussi le dire : il y a deux siècles et demi, la plus grande partie du sol de la France était encore en friche, et la population ne s'élevait pas au chiffre qu'elle a atteint aujourd'hui. Les défrichements augmentaient les productions de la terre, tant qu'ils n'avaient pas atteint une trop forte proportion avec les terrains à céréales ; mais, du moment qu'il en a été ainsi, ces terrains sont devenus moins productifs faute de bestiaux suffisants et d'engrais, l'augmentation de la population a aggravé cet état, ainsi que les impôts sur l'industrie et le travail. D'où il faut conclure qu'en supprimant même ces impôts, le système de Sully, dont nous avons rapporté toutes les dispositions dictées par la sagesse, courait le risque d'être insuffisant aujourd'hui ou dans une époque peu éloignée, et qu'il faut en développer l'esprit ; c'est ce que nous allons faire.

Nous parlerons d'abord des moyens d'éteindre les incendies, qui intéressent au plus haut point l'humanité, et nous terminerons par l'éducation physique morale et intellectuelle. Nous nous résumerons ensuite, et nous dirons un mot des banques tontinières.

ESSAI

L'ÉCONOMIE SOCIALE.

Des Incendies.

Nous avons la conviction d'avoir trouvé le moyen
de conjurer le plus terrible des fléaux, l'incendie,
par le puissant concours de l'exclusion de l'oxygène
de l'air et l'abaissement de la température avec une
grande énergie d'application[1]; le dommage occa-
sionné en pareille circonstance sera presque insigni-
fiant. Nous allions nous affranchir entièrement de la
spéculation des compagnies d'assurance et du trafic
de ce sinistre par une association communale, avec
un inventaire des objets assurés fait sans frais par une
commission municipale. L'association aurait payé les
quatre cinquièmes des dommages. Néanmoins, notre
République naissante ayant besoin de grandes ressources, en présence de la crise financière dont elle
a été suivie, nous acceptions son assurance dont il
était question, et nous consentions à lui payer la
moitié des primes actuelles; ce qui lui aurait pro-
curé d'énormes bénéfices, n'ayant point à payer des
frais de gérance par l'entremise de ses percepteurs.

---

[1] Cet ouvrage se vend chez les libraires de Perpignan à 55 c., et pour les
départements 45 c. (*franc* de port).

Économies.

Comme l'expression des vœux du peuple, le gouvernement de la République, tout en maintenant nos revenus en rapport avec notre prospérité pour la développer, doit réaliser de grandes économies par l'emploi de l'armée aux travaux publics, par la diminution des frais exorbitants de perception de ces revenus, et des gros traitements. Ces derniers nous ont été légués par la corruption et sont aujourd'hui injurieux, parce que les emplois éminents, surtout, ne doivent être le partage que du mérite personnel et de la vertu ; c'est-à-dire de celui qui a une connaissance parfaite de ses devoirs, et l'habitude de les remplir dans les conditions de notre gouvernement démocratique ; et que plus les emplois sont élevés, plus ceux qui en sont investis doivent y trouver de considération dont leur modestie doit être satisfaite dans une honnête aisance, assurée par la rétribution vulgaire de leur travail, en remarquant que les emplois honorifiques sont les mieux remplis.

L'homme serait heureux, comme on l'a dit, s'il recevait dans son enfance l'éducation la plus propre à développer ses facultés ; dans l'âge viril un travail en rapport avec sa capacité et un salaire proportionnel à ce travail ; des secours, quand il faiblirait à la fatigue ; et, dans la vieillesse, enfin, une retraite, un sort contre l'indigence. Commençons par ce qui doit assurer sa subsistance, ce qui concerne le travail. Il est aujourd'hui un besoin dominant ; il s'agit de l'alimenter, de lui donner le plus grand essort, par de nouvelles ressources, pour augmenter la richesse nationale. Après lui avoir fait des avances, dans la nouvelle carrière où nous sommes en-

trés, pour les fermes-modèles et les colonies agricoles, le gouvernement de la République lui en devrait encore pour l'aménagement des cours d'eau. Il
en sera question ci-après. Il devrait le favoriser surtout en adoptant les moyens que nous allons pro-
poser :

Liberté de la circulation des produits dans l'intérieur de la République;
—Abolition des impôts qui gênent cette circulation; —Moyen de
suppléer au revenu de ces impôts.

Pour celui sur le tabac, production dont l'usage
est du luxe et dégénére en vice, il doit être maintenu.

Ceux qui frappent les matières premières, ont le
grave inconvénient de s'opposer à l'extension de
l'industrie; de ce nombre, sont : celui sur les houil-
les qui, dans certains lieux, entrave la navigation à
la vapeur et la construction de nouvelles usines;
celui sur les boissons qui nuit énormément à l'agriculture, ainsi que celui sur le sel, malgré sa réduc-
tion. Dégrevé de l'impôt, il pourrait être livré à 50
centimes par quintal au bord de la mer ou dans les
mines de sel gemme; il est un amendement stimu-
lant d'une grande importance, puisque, suivant les
expériences de M. Lecoq de Clermont, il suffit par
hectare à la dose de trois quintaux pour les fourrages
légumineux, de six pour les graminées céréales, et
de douze pour les prairies. Lorsque les terres ne sont
pas envahies par l'eau de la mer, et les eaux pluviales
s'y écoulent, c'est une erreur de croire que leur
stérilité provienne de leurs sels en les voyant cou-
vertes d'efflorescences. Ce phénomène est dû à l'insuffisance de leur porosité, qui leur fait retenir trop
long-temps les eaux et les prive de l'influence at-
mosphérique; les sels sont amenés à leur surface, et

ils y restent après l'évaporation de l'humidité sura-
bondante, au lieu d'être divisés dans leur sein par l'infiltration. Les terres argileuses et tourbeuses sont
dans ce cas; on les rend perméables aux eaux pluviales, en leur adjoignant des sables avec des marnes,
ou la chaux, ou des pailles, qui les ameublissent
et les fécondent; on double l'efficacité du fumier
en l'arrosant avec de l'eau médiocrement salée; le
sel est indispensable dans beaucoup de pays pour les
bestiaux. Son effet sur les récoltes est de les rendre
à la fois plus abondantes et d'une meilleure qualité,
de leur donner une saveur très agréable pour ces
bestiaux et de les nourrir davantage; il en est de
même apparemment pour l'homme. En Angleterre,
le sel est mêlé avec de la suie et donné à plus bas prix
pour l'agriculture; il doit être aujourd'hui entièrement affranchi de l'impôt; car, d'un côté, comme
amendement, il est encore trop cher, on ne l'em-
ploiera guère; et, pour les besoins de l'homme, le
produit actuel est dépassé par les frais de surveillance
et de perception.

L'impôt sur les boissons est le plus onéreux; aussi
provoque-t-il beaucoup de plaintes, car il est une
prohibition de vendre ces boissons par l'élévation
des droits de consommation, et des octrois dont les
tarifs excèdent souvent leur valeur. L'abaissement de
leur prix en diminuera l'abus dont on voit rarement
des exemples dans les pays où elles sont à bon marché;
tandis que dans les pays où elles sont chères on en
abuse davantage dans l'occasion, parce qu'on ne peut
en boire habituellement. Elles sont utiles à l'homme
qui gagne sa vie à la sueur de son front; elles sup-
pléent à l'insuffisance de son pain; le nourrissent, le

fortifient et le préservent des maladies qui sévissent, s'il doit renoncer à leur usage salutaire, beaucoup plus sur lui que sur le riche. Le prix modique auquel le producteur peut céder ces boissons, ne doit pas être enchéri par l'impôt et en frustrer le pauvre; déjà sous ce seul rapport cet impôt devrait être supprimé comme immoral. Il en est de même pour les autres productions nutritives imposées aux portes des villes dans lesquelles on ne doit pas les payer plus cher qu'au dehors; on y fait surpayer au travailleur ses moyens d'existence. Il serait plus riche de tout ce qu'il ne dépenserait pas, et aurait moins besoin d'une augmentation de salaire. Quant à la viande de boucherie, le droit actuel d'entrée serait pris en considération pour l'établissement de la taxe. En cas de difficulté de la part des bouchers, ce droit serait perçu aux abattoirs, et le produit en serait versé dans la caisse des associations fraternelles dont il sera parlé ci-dessous.

L'administration des villes ne dissiperait plus ses revenus en folles prodigalités; elle ne ferait plus que des dépenses utiles, et les propriétés communales, surtout l'étalage sur les places publiques, lui offriraient encore assez de revenu pour y suffire. A leur défaut, elle aurait recours à des centimes additionnels; il y aurait un grand allégement pour les contribuables par l'économie des frais exorbitants de perception. Cette administration ne devrait plus subventionner les colléges ni les hôpitaux; car, à l'égard des premiers, nous avons ci-après pourvu à l'enseignement. Quant aux seconds, déjà dans plusieurs communes les travailleurs ont trouvé plus convenable de former des associations fraternelles, pour se

secourir mutuellement en cas de maladie, moyen-
nant une cotisation mensuelle qui pourrait être de
25 centimes pour ceux reçus dans les hôpitaux, et
de 1 franc pour ceux secourus à domicile. Les citoyens aisés s'associent, avec désintéressement, à cette
œuvre philanthropique afin que tous les indigents
soient secourus. Cette œuvre devrait être obligatoire
pour tous.

Le gouvernement ne peut maintenir l'impôt des
boissons; ce serait condamner les terrains médiocres
à la stérilité, et les travailleurs au chômage; ce serait favoriser l'abus des bonnes terres au dépens des
céréales, en sacrifiant les qualités aux quantités,
avec la salubrité publique, par l'altération sponta-
née ou la sophistication des boissons; ce serait ap-
peler l'encombrement des produits et leur mévente;
ce serait, en outre, contraire à l'immortelle devise
de notre République; car, sur les 37.187 communes
de France, il n'y en a que 1000 environ où il existe
des octrois pour ces boissons; l'entrée des produits de
l'agriculture est libre dans toutes les autres. Pourquoi
les habitants de ces 1000 communes ne jouissent-ils pas
de la liberté de cette même entrée généralement établie? Où est l'égalité dans la jouissance des mêmes
droits, et la fraternité dans l'égoïsme des administra-
teurs de ces communes au préjudice de leurs adminis-
trés et des producteurs de ces boissons? Le citoyen
était moins humilié dans sa dignité par l'exercice,
dans le débit des boissons, qu'il ne l'est par les octrois;
car, à raison de ceux-ci, il reçoit en public un plus
grand outrage, privé de la liberté de rentrer chez
lui avec ce qui lui appartient légitimement, dont il
ne devrait rendre compte à personne, suspecté, ar-

rêté, fouillé, quelquefois avec brutalité, pour n'avoir exercé qu'un droit naturel non contesté et sacré partout ailleurs. Tout en protestant de notre respect pour les lois existantes qui consacrent ces torts, demandons-en l'abrogation avec confiance, sûrs de l'obtenir étant dans le vrai.

La raison seule doit être notre force, aujourd'hui surtout que nous avons le pouvoir : c'est la volonté de tous qui doit gouverner, il suffit de l'exprimer; nous ne faisons pas un appel à la violence qui perd les meilleures causes; soyons toujours plus dignes d'être heureux par notre sagesse, entendons-nous et nous verrons bientôt la fin de nos épreuves.

Il est de toute justice que les revenus, dont la République serait privée par la suppression de l'impôt des boissons et des octrois où elle a beaucoup de part, soient remplacés par d'autres que nous établirons de manière à les faire concourir au triple but de l'indemnité de la République, du développement rationnel de la production agricole et de l'ouvrage des travailleurs.

Délai moral pour payer les Contributions.

Les Receveurs-Généraux seraient remplacés par des banques départementales. Les contribuables, en retard de payer leurs douzièmes échus, paieraient 3 p. %. Par exemple : qu'un contribuable paie 20 fr. par mois, il devrait donner, pour six mois d'arrérages, 1 fr. 75 c. de plus; il achèterait à ce prix, qu'il trouverait fort léger, la cessation de ces exigences vexatoires, qui lui arrachent l'argent au préjudice du travail, avant la vente de ses récoltes, ce qui est fort rigoureux; car puisque l'impôt a été substitué à la dîme qu'on ne percevait qu'à cette récolte, il faut un délai moral pour vendre celle-ci et payer l'impôt avec ce prix. La République ne perdra rien, elle a les denrées sous la main, ainsi que la propriété; peut-elle désirer une plus forte garantie de la solvabilité de ces arrérages, toujours exigibles avant la fin de l'année? Quant aux patentables, tous-propriétaires et ayant une position sociale à conserver, ils offrent assez de garantie pour cette solvabilité. Le gouvernement créditerait les banques des sommes qu'il en recevrait immédiatement aux échéances; il y aurait là pour lui un bénéfice de 20.000 f. au moins par département, et de grandes ressources pour le travail qui est l'un des plus grands moyens de moralisation.

2° Profits des assurances nationales contre tous les risques.

3° Multiplication du travail et des produits par l'économie et la rapidité des débouchés intérieurs, rachat des chemins de fer par l'État, débouchés extérieurs.

Le gouvernement devrait s'efforcer d'ouvrir des voies de communication par les chemins de fer et les canaux, sans s'inquiéter des péages qu'il pourrait percevoir; car il augmenterait ses revenus avec la richesse nationale. Ainsi un canal est-il créé, bientôt ses rives augmentent de treize fois la valeur primitive, et les revenus de l'État suivent cette progression. Mais, tandis que ces canaux ne rapportent que trois pour cent, les propriétaires des chemins de fer en exigent cinq et même plus. Ce dernier moyen de transport est livré au monopole de quelques sociétés privilégiées; nous sommes à leur merci, et placés dans l'alternative de renoncer à ces chemins ou de payer ce qu'elles voudront; il faudrait les racheter afin de pouvoir diminuer les frais de transport. Les canaux sont plus économiques et plus productifs que les chemins de fer par une plus grande valeur de leurs rives devenues plus fertiles; l'armée pourrait y être employée en partie; elle serait transformée en une vaste école secondaire, école d'ordre, d'économie, de moralité et d'instruction, d'où le fils du peuple sortirait plus robuste, plus sain, plus moral et plus instruit, avec un pécule plus important.

En protégeant nos sucres et nos fers contre la concurrence étrangère par l'élévation des droits d'importation, nous avons empêché l'amélioration de ces produits, et nous les avons payé plus cher; en outre, nous nous sommes privés du débouché des produits surabondants les plus propres à notre sol que les étrangers auraient pris en échange des leurs : ces droits prohibitifs devraient être supprimés d'une manière progressive pour les matières premières nécessaires à la vie, et ils devraient être considérablement diminués pour ces matières non indispensables, de manière à ne pas préjudicier à leur vente, car elles doivent être payées avec les produits indigènes.

Amélioration des terres ; — Appropriation des produit au sol ; — Vignes.

Le cultivateur doit être dirigé par un intérêt bien entendu, pour faire produire à la terre tout ce qu'elle est susceptible de donner, conformément aux besoins généraux. L'admirable prévoyance de la nature y a largement pourvu, en lui offrant presque partout les terrains les plus propres à cette destination, soit par leur bonté relative, soit par leur diversité et leur rapprochement, en établissant entr'eux des rapports nécessaires qui les lient de manière à pouvoir être réciproquement améliorés par la combinaison de leurs couches inférieures avec leur partie supérieure.

On ne s'attache pas assez à reconnaître les dénominations auxquelles appartiennent les terres, et cependant c'est de la plus haute importance en agriculture; car l'appropriation des amendements ou des engrais et des végétaux qu'on leur confie en dépend. Les trois quarts de l'étendue du territoire français ont besoin, pour être fécondés, des agents calcaires avec lesquels la moitié des engrais, aujourd'hui nécessaires, suffiraient par de bons assolements.

On trouvera presque toujours dans le sous-sol des terres sablonneuses, humeuses, calcaires et argileuses, ou leur voisinage, à la profondeur de moins d'un mètre, des éléments d'une nature différente qui leur serviront de correctif par leur mélange souvent peu coûteux, comme nous nous en sommes convaincu. Dans un pays où l'on allait chercher le sable à la distance de deux lieues dans le lit d'une rivière, nous en avons découvert d'aussi beau et d'une profondeur de quatre mètres au-dessus de l'eau naissante, à 40 centimètres de la surface d'un terrain argilo-sableux. A soixante mètres plus loin, sur le même plan, après avoir franchi un espace de terrain graveleux, à sous-sol tufeux, nous avons découvert, à vingt-cinq centimètres de la surface d'un sol argilo-graveleux, de l'argile, et à trente centimètres plus bas de la marne très riche en carbonate de chaux. Nous avons amendé un terrain humeux participant de la tourbe avec du sable et un peu de marne ci-dessus, situés à soixante-dix mètres de distance; nous l'avons immédiatement semé de blé; il est né au bout de huit jours et il est devenu magnifique, tandis que cette partie de terrain était auparavant stérile. Nous avons fait porter de l'argile et de la marne ci-dessus à 200 mètres de distance, sur un terrain graveleux, à fond tufeux, pour le féconder et remédier à l'infiltration trop rapide des eaux d'arrosage qui, ne pouvant s'étendre partout, laissaient plusieurs parties du sol en souffrance; nous avons réussi. En outre, nous aurons abaissé le terrain d'où nous avons extrait ces amendements pour l'arroser. De plus, nous avons créé l'arrosage ci-dessus, et assaini un pays où les morts dépassaient les naissances. Ces travaux pourraient être reproduits dans beaucoup d'autres lieux; les sociétés agricoles délégueraient dans chaque commune d'anciens élèves qui auraient obtenu des prix au concours ci-après, pour être fait un rapport sur leur possibilité, et plus spécialement sur la nature des sous-sols des terres ci-dessus ou dans leur voisinage, avec l'agrément des propriétaires; ils y joindraient les observations qui leur paraîtraient convenables sur les procédés locaux d'agriculture. Ce serait ouvrir une grande voie d'amélioration et de bien-être pour tous en provoquant ces travaux.

Il ne devrait pas être permis au cultivateur de récolter impunément au-delà de ses besoins personnels les produits qui ne sont pas d'une nécessité absolue sur des terrains propres aux céréales et aux plantes améliorantes; car, en faisant ainsi, il préjudicie à l'intérêt général, que la loi place au-dessus de l'intérêt particulier. La propriété ne consiste plus

dans le droit d'user et d'abuser; il faut qu'elle soit pro-
tégée dans l'intérêt du propriétaire lui-même, contre
des erreurs aujourd'hui trop communes, qui retom-
bent sur tous : il doit reconnaître que les céréales doivent avoir la priorité sur les vins ; qu'elles peuvent
suppléer au besoin le numéraire pour payer le travail;
que nous sommes tributaires de l'étranger pour ces
céréales sur plusieurs points de notre territoire, parce
que les meilleures terres y sont plantées en vigne,
tandis que les terrains médiocres sont délaissés,
et qu'il y a généralement pénurie de fourrages et
de bestiaux; que dans l'intérêt du travail et de l'u-
nique ressource de beaucoup de localités, il importe
d'encourager la culture des terrains impropres à la
production des céréales, et d'avoir la qualité des vins
qui, par le prix, n'est pas en rapport avec la quan-
tité; qu'on peut avoir l'une et l'autre à la satisfaction
du travail, de la salubrité et du fisc; car la moyenne
de la production de la vigne, en France, étant de
810 litres de vin par 45 ares, c'est assez donner de
latitude à la liberté de l'industrie agricole, que de
pouvoir élever le produit de ces 45 ares à 20.000 litres à la faveur du travail, des amendements stimulants et des enfouissements en verd, ce qui pourrait doubler la totalité des produits actuels si les
besoins l'exigeaient, avec les plantations des terrains
délaissés, et même des cultures anormales réduites
à des bénéfices plus modestes par un frain salutaire.

En conséquence, par chaque quarante-cinq ares
les terres de première classe, plantées en vigne,
paieraient 25 fr. en sus de contributions foncières; il
en serait de même pour les autres terrains rapportant, année commune, plus de 2.000 litres de

vin. Si cependant ces terrains sont graveleux et de
la profondeur de moins de quinze centimètres ;
si par leur nature aride ou leur légéreté, ils sont
impropres aux céréales et aux fourrages, ils ne paieraient que 12 fr. en sus. Tous les terrains susceptibles
d'être arrosés, paieraient 50 fr. en sus. Les vignes des
terrains de deuxième classe paieraient 3 fr. en sus, et
les autres classes 1 fr. 50 c. aussi en sus. Il serait
défendu de fumer les vignes, si ce n'est pour les
provins destinés à remplacer les souches mortes,
ou de jeunes plants qui ne lèvent pas encore; car
les amendements et les stimulants, comme le sel,
la chaux, etc., sont plus propres à la vigne que les
engrais; ainsi avec les premiers on aura les mêmes
quantités de vin mais meilleures qu'avec les seconds;
il en sera de même avec l'enfouissement des pampres
ou d'autres plantes ligneuses fraîches. Imposition établie sur le même revenu que les deux derniers cas
ci-dessus, pour le nombre de pieds d'arbres dont les
fruits seraient transformés en boisson spiritueuse. Imposition équivalente sur les brasseries.

Liberté de la terre, ou sa culture par les propriétaires ou par des
fermiers, à long terme, soutenus par un crédit à 4 p. %.

6° La terre étant en liberté lorsqu'elle ne doit
montrer de gratitude qu'envers celui qui la fait travailler, se montrant assez libérale pour l'indemniser
et l'encourager dans ce soin;
Et la terre se trouvant en servitude lorsque cette
gratitude lui est imposée en faveur d'un autre qui
n'a rien fait pour elle, à qui elle est obligée de ren-

dre des services en lui donnant ses meilleurs fruits, dont elle espérait retirer plus de soins pour être encore plus libérale ;

Considérant que le propriétaire de la terre est moralement responsable de la production des moyens de subsistance de la société, en faisant tous les travaux réclamés par son intérêt, et celui de ses concitoyens qui comptent sur lui ;

Que le fermier vit avec le produit du sol, mais ne peut améliorer ni recourir à d'autres travailleurs sans se ruiner ; qu'à la fin de son bail il épuise les terres, ce qui met le propriétaire dans la nécessité d'affermer à plus bas prix, et entraîne la décadence de l'agriculture ;

Que les baux à long terme de 20, 30 et 40 ans, consentis par le propriétaire et le locataire des fonds suffisants pour l'exploitation à trois pour cent, ainsi que cela se pratique dans un pays voisin, n'ont pas la gravité de ces inconvénients qu'il faudrait réprimer.

Aucun propriétaire, hors le cas du paragraphe précédent, ne pourrait affermer ses terres ; il n'y aurait d'exception que pour les mineurs non émancipés et les interdits. Pour l'infraction à cette disposition, il paierait la moitié en sus des contributions dont elles sont grevées ; il n'y aurait d'exception qu'en faveur des pépinières et des jardins ; leur création a exigé assez de sacrifices.

Le propriétaire qui afferme a le tort irrémissible de ne pas participer à la production devant la nécessité du bien-être social, devenue plus impérieuse par l'accroissement des membres de la grande famille ; il est à charge à cette famille, la société, en ne faisant rien pour elle, en la rançonnant au contraire par de gros intérêts, car il est généralement capitaliste en cumulant ses revenus ; tandis que le cultivateur-propriétaire est son débiteur.

Pour le propriétaire, fonctionnaire du gouvernement, la considération ou les émoluments dont il est l'objet l'indemnisent sans doute assez : point de privilége pour lui; car il doit l'exemple par dévoûment aux grands principes qu'il sert, à la liberté, qui devra s'étendre jusqu'à la terre pour qu'elle nous comble de bienfaits, en répondant à ses vœux.

Crédit hypothécaire.

L'ordre et la paix conservent les valeurs créées. Aussi a-t-on vu dans cette condition le crédit augmenter et l'intérêt baisser; il en sera de même aujourd'hui, après le triomphe définitif de la liberté. Le Gouvernement de la République est le dépositaire de nôtre fortune; qu'il la gère avec intelligence et probité, il aura notre confiance; qu'à l'exemple de Sully, il agisse d'après cette croyance : que les vertus publiques sont le garant de la puissance et du bonheur des nations; et avec la ferme et loyale exécution de la volonté de tous, le crédit sera mieux établi que jamais; il suffira alors de l'organiser, et l'intérêt du capital ne dépassera plus celui du sol. Pour cela, il faudrait une banque centrale faisant les paiements et les recettes, l'escompte et la commandite dans chacune des neuf villes les plus industrielles de la France; ces banques relèveraient de celle qui serait établie à Paris, et auraient des succursales dans tous les départements. Ce n'est pas le numéraire qui manque en France; il y en a beaucoup plus qu'en Angleterre; et cependant, dans ce pays, il s'y fait des affaires pour des valeurs bien plus considérables par la monnaie

du crédit, les billets de banque. Nous ne sommes
pas aussi avancés chez nous. Il nous suffira, pour le
présent, d'un crédit hypothécaire à quatre pour cent
avec faculté de remboursement par des à-comptes de
cent francs et au-dessus, en supprimant entièrement
les frais d'acte.

Irrigations et dessèchements.

Il est de notoriété publique que, dans tous les départements, il est possible d'augmenter de beaucoup
les irrigations, soit par de nouvelles prises d'eau dans
les parties élevées des grandes rivières, au moyen
de faibles digues qui exhausseraient leurs cours;
soit par le prolongement de la hauteur du cours de
beaucoup de ruisseaux d'irrigation, en empêchant
les moulins de fonctionner en temps de pénurie,
soit par le barrage de gorges au fond desquelles cou-
lent des rivières torrentielles, dans les pays de
montagnes, où l'on pourrait affecter de vastes vallées
stériles à des bassins artificiels pour retenir l'eau et
la faire servir aux irrigations en été, alors que ces
rivières sont aujourd'hui asséchées à cette époque.
Ces barrages remédieraient beaucoup aux débordements de ces rivières. Dans un temps éloigné, ces
vallées se couvriraient de limon; et si elles ne con-
tenaient plus assez d'eau pour suffire à leur but, on
ferait des barrages supérieurs en desséchant ces vallées devenues arrosables et très fertiles. On pourrait aussi obtenir ce dernier résultat en plaine,
à l'égard de vastes terrains de mauvaise nature, par
les troubles et les atterrissements de ces rivières sa-
gement déviées en partie sur ces terrains déjà dis-
posés à cet effet.

Pourquoi le gouvernement, chargé du soin de notre bien-être, n'ouvre-t-il pas des enquêtes, dans chaque département, pour déterminer l'exécution de ces nouvelles irrigations d'après les bases les plus rationnelles et les plus économiques? Le ministre de l'agriculture, sur le rapport de la commission des irrigations, ordonnerait les études les plus convenables sur ces enquêtes. Il peut disposer de l'administration des ponts et chaussées dont une partie peut être chargée, à très peu de frais, de ces études. Ce travail préparatoire ne durerait guère plus d'un mois. Certes, le personnel de cette administration est assez considérable pour suffire à cette tâche, ainsi qu'à son service ordinaire, en faisant preuve de zèle. Quelques-unes de ces études ont été faites, il y a deux ans, dans notre département; mais il en est plusieurs autres à faire qui se recommandent par leur simplicité, et surtout par une grande économie, avec d'immenses avantages, dans les résultats que nous devons considérer, surtout sous le rapport des bons pâturages. Qu'on juge de leur importance pour l'éducation des troupeaux, malgré les droits énormes qui frappent les bestiaux à l'importation: la France reçoit annuellement de l'étranger 40.000 bœufs ou vaches, 25.000 chevaux, 250.000 moutons, et en outre pour 10 millions de cuirs bruts. Il est constant encore que la production des laines indigènes est inférieure, de six millions de kilogrammes chaque année, aux besoins de la fabrication.

La multiplication de nos bestiaux, par une agriculture bien entendue, nous affranchira du tribut que nous payons à l'étranger à cet égard. Nous aurons en abondance de la viande de boucherie. Cet élément de force et de santé pour l'homme sera accessible pour tous, et nous ne manquerons plus de pain. Des fruitières, comme celles des départements du Doubs et du Jura, pourront s'organiser dans beaucoup de pays. Ces associations agricoles sont supérieures aux caisses d'épargne, dont le but est de conserver la richesse; car, elles la créent pour les classes pauvres chez lesquelles elles font régner l'ordre et l'aisance.

Le sol de la France, pour le moins aussi bon et plus favorisé que celui d'Angleterre, pourrait avec 98 ares, environ, comme dans ce dernier pays, nourrir sans de grands efforts un individu, l'un dans l'autre, consommant un cinquième de viande dans sa nourriture, au lieu d'un quinzième comme chez nous, ce qui porterait notre population à 54 millions, et même plus, en assainissant, par des desséchements, un sixième du sol de la France où la population est maladive, et où les morts dépassent, sur plusieurs points, les naissances; cette population aurait dans ces lieux une forte progression ascendante, et serait la plus heureuse et la plus riche.

Si le gouvernement ne pouvait se charger de ces grands travaux ci-dessus, il en laisserait le soin à des associations. Ces travaux sont commandés par la plus impérieuse nécessité; ils sont préalables au développement de l'agriculture; ils se feront, nous en avons la volonté et le pouvoir.

Réglement d'agriculture.

Il nous faut beaucoup de bétail et des engrais, avec des terrains très fertiles, rapportant, en moyenne, dix pour un de nos céréales, au lieu de cinq comme aujourd'hui : c'est ce que nous aurions, en proscrivant les jachères. Les terrains non plantés seraient soumis à des assolements ou rotations de culture, où les plantes épuisantes succèderaient aux cultures améliorantes, à moins qu'on n'employât les fumures pour tenir lieu de ces dernières. On ne pourrait laisser gravement dégénérer les prairies artificielles ni les naturelles, si le sol de celles-ci est notoirement susceptible d'une meilleure production. Dans les arrosages, aussitôt après l'enlèvement du blé, on ferait des récoltes intercalaires qu'on recueillerait ou qu'on enfouirait à volonté. Les terrains pierreux, légers, non susceptibles d'être arrosés et de porter des récoltes consécutives, seraient plantés en lignes d'arbustes ou d'arbres utiles, en recommandant surtout le mûrier et l'olivier suivant l'opportunité des pays. Si ces lignes sont assez espacées pour que les intervalles puissent être semés en céréales, ils le seraient au moins tous les deux ans; ces arbres ou arbustes seraient travaillés au moins une fois l'an, en hiver ou au printemps. Les terrains en pente rapide seraient consacrés au bois par des semis; il y aurait, à cet effet, des réserves fixées par les réglements. Si ces terrains en pente sont défrichés, ces plantations se feraient partiellement par zônes horizontales de manière à retenir les terres. Toutes les propriétés seraient complantées d'arbres au nord et à l'ouest de leurs confrontations, ainsi que le long des routes et chemins ruraux; cette disposition serait facultative pour le propriétaire de vignes quant à ces confrontations. Les canaux destinés à l'écoulement des eaux naissantes ou pluviales seraient curés au moins une fois tous les deux ans.

Dans chaque canton, les cultivateurs-propriétai-

rès, payant depuis 30 fr. jusqu'à 250 fr. de contributions foncières, éliraient, dans deux ans d'ici, trois
d'entr'eux pour faire annuellement, à la fin de septembre, un rapport au préfet sur les cas d'inobservation du paragraphe précédent; ils rempliraient ces
fonctions depuis le 15 août jusqu'au 15 septembre ;
il leur serait alloué à chacun 3 fr. par jour de tournée,
et 20 fr. pour le rapport ci-dessus, qui serait unique
pour tous les cas d'inobservation ci-dessus; il com-
prendrait par ordre alphabétique le nom de tous les
propriétaires des terrains en contravention, avec la
désignation de la feuille, section et numéro de la
parcelle du plan cadastral de chaque commune où
seraient situées ces propriétés, qui, pour la première
fois, subiraient, à titre d'amende, une augmentation
de moitié en sus des contributions dont elles sont
grevées; pour la seconde fois le double, etc. Les propriétaires pourraient être relevés de cette amende par
jugement de la justice de paix, à la suite d'une con-
tre-enquête. Après six années d'amendes consécutives, étant bien établi que ces propriétés n'auraient
pas été cultivées ou mises en valeur; qu'elles ne seraient ni des bois plantés ou semés, ni des prairies qui
valussent la peine d'être fauchées, si elles devaient
être réservées, surtout s'il y avait beaucoup de plantes mauvaises ou malfaisantes, ou qu'elles ne seraient
pas égouttées par le curement des canaux ; ces propriétés, disons-nous, appartiendraient à l'État, sauf
le paiement d'une juste indemnité au propriétaire
déchu, arbitrée en dernier ressort par trois experts
nommés à l'amiable; et, à défaut d'office, par le
juge de paix. S'il est dû des amendes, elles seraient
prélevées sur ces indemnités, ainsi que les frais.

Si les propriétaires peuvent justifier qu'ils n'ont pu se procurer assez d'arbres utiles pour leurs plantations, il faudrait qu'ils prouvent qu'ils ont des pépinières suffisantes en bon état, et il leur serait accordé un délai moral pour s'exécuter.

Ceux qui défricheraient des terrains vains et vagues, ou les sèmeraient en bois, jouiraient d'une exemption des contributions pendant dix ans.

Dans quelques années d'ici, l'industrie séricicole prendrait un développement considérable par la petite éducation reconnue, dans la plupart des pays, pour être la seule qui ait un plein succès, et nous ne serions plus, sous ce rapport, tributaires de l'étranger pour trente cinq millions.

La terre ne demande que le travail intelligent des hommes pour les nourrir, quelque nombreux qu'ils soient, en leur prodiguant d'inépuisables bienfaits, avec le libre et le mutuel échange de ses produits, si variés surtout dans notre belle France. Mais, ce travail ne doit plus être abandonné à l'imprévoyance ou au caprice du propriétaire; il ne faut pas qu'il puisse abuser impunément de sa propriété au préjudice de l'intérêt général. Qu'on ne cherche pas les éléments de la fortune publique ailleurs que dans la régénération de l'agriculture judicieusement réglementée, et soutenue par des débouchés intérieurs sans contrôle qui doivent en être inséparables, parce que sans ces débouchés, toujours pressurée par l'usure et l'impôt, l'encombrement et la dépréciation de ses produits la jettent dans la misère. C'est ce que l'on voit aujourd'hui : aussi n'inspire-t-elle que découragement et dégoût. Au lieu d'améliorer, le propriétaire afferme de plus en plus, pour ne pas

se ruiner ; et les travailleurs, voyant diminuer leurs
ressources, font prendre des professions industrielles
à leurs enfants qui se rejettent dans les villes, où
ils se font une concurrence meurtrière.

Pour remédier à cette perturbation et faire cesser
le malaise général, il faut faire fleurir l'agriculture
en lui rendant toute son importance. La trop grande
activité des villes passera dans les campagnes, où elle
est appelée à jouer un rôle aussi utile, qu'il est aujourd'hui dangereux pour la paix publique. Le propriétaire, qui a délaissé le travailleur en affermant,
redeviendra son patron en lui inspirant le goût du
travail dont il lui offrira l'exemple, aussi bien que
de l'ordre et de l'économie qui centuplent l'avan-
tage dû à ce travail.

Il faut raisonnablement que l'homme ait la possibilité de continuer à remplir ses devoirs, après
la satisfaction des besoins réels de la vie. Sans doute,
le travailleur pourrait toujours se promettre cette
possibilité : placé dans la plus grande sphère d'activité, il aurait les plus fortes présomptions de battre
toujours monnaie avec ses bras; mais le propriétaire
pourra-t-il en faire autant s'il ne peut réaliser les
fruits du travail? Si son crédit déjà ébranlé, comme
il l'est généralement, par un système mal conçu,
exige beaucoup de ménagement? Ce sont là de graves
considérations qui doivent déterminer le gouvernement à faire de salutaires réformes; il devrait d'hors
et déjà renoncer à l'impôt de ces fruits; car, outre
qu'ils constituent la subsistance du travailleur, à l'existence duquel c'est attenter en les enchérissant, ils
doivent servir à payer le travail dont ils sont l'équivalent, ainsi que ces impôts. Ces fruits doivent être

augmentés avec la valeur du sol), par son amélioration matérielle et la liberté d'une circulation économique.

C'est sur le cultivateur-propriétaire que devra se porter toute la sollicitude du gouvernement républicain, car il est l'âme de l'agriculture qu'il fait vivre et grandir. Sa situation est corrélative avec celle de tous les autres travailleurs ses inséparables auxiliaires; il est associé aux mêmes satisfactions et aux mêmes souffrances qu'eux ; il est souvent bien plus à plaindre dans la fausse position où il est, sans pouvoir réaliser un ou deux de ses produits dont il est encombré, les autres suffisant à peine à sa subsistance, forcé d'emprunter à chers deniers pour faire travailler et récolter, même d'améliorer, autant qu'il lui est possible, soutenu par l'espoir de vendre, et entraîné par d'irrésistibles préoccupations qui lui font entrevoir, dans un avenir prochain, hélas! toujours plus éloigné comme un mirage, une glorieuse récompense de ses travaux. Il paie ses travailleurs à la journée avec ses produits, même avec ceux qui lui feront défaut, et un peu d'argent ménagé avec parcimonie, pour prolonger ses travaux; mais bientôt les commandements du percepteur et les pressantes réclamations d'intérêts usuraires lui arrachent tout l'argent qui lui reste, et le forcent à renvoyer ses travailleurs ou d'emprunter encore, ce qu'il doit faire quelquefois, en nature, pour sa consommation personnelle. Il s'engage alors à rendre à la récolte la denrée qu'il a reçue, avec un cinquième en sus, c'est-à-dire que, pour quelques mois, il a emprunté à cent pour cent! Il fera honneur à cet engagement, comme à tous les autres, au prix des plus dures privations et de grands sacrifices, en vendant ses denrées au-dessous de leur valeur.

Éducation physique, intellectuelle et morale, ou développement complet de toutes nos facultés.

Il faut avouer que le système actuel de l'enseignement, dans nos colléges, est très vicieux; on y reconnaît le jésuitisme qui l'a créé. Il semble qu'au lieu de développer l'intelligence, on ait cherché à l'anéantir en imposant d'abord à l'élève un idiome qu'il ne peut comprendre, dont on lui fait laborieusement chercher l'énigme en l'occupant, non de l'esprit, mais de la lettre. On le condamne à dix années d'études presque stériles pour faire revivre les langues mortes qui le remplissent de dégoût et l'énervent, au lieu de former son jugement en l'initiant préalablement aux richesses de la langue maternelle qui satisfait si bien son esprit et son cœur, qu'il doit parler toute sa vie, dont la connaissance parfaite ne lui laisserait presque rien à désirer de ces langues mortes, qui ne sont qu'un complément d'une instruction spéciale pour l'usage de quelques sciences, et sont inutiles pour les neuf dixièmes des élèves. L'universalité des études y nuit au progrès et multiplie les sujets sans vocation. Après avoir acquis une connaissance élémentaire des sciences, leur génie exige la liberté des études; la contrainte ne produit que la médiocrité.

D'autre part, on néglige trop l'action musculaire des enfants; ils sont loin d'être assez exercés. Les petites filles ne le sont presque d'aucune manière; cependant la gymnastique est l'une des conditions les plus essentielles pour le maintien et le juste développement des forces physiques, base de tous nos moyens. Il est rationnel de régulariser cette

action pour la contenir dans de sages limites, et de
la rendre doublement utile en la faisant concourir
au défraiement de l'instruction.

Dans les pays d'arrosage, tous les enfants mâles de
cinq à quatorze ans recevraient, gratuitement, une
instruction primaire élémentaire et agricole, com-
prenant l'horticulture théorique et pratique. A cet
effet, un certain espace de terrain, le plus rapproché
qu'il se pourrait de l'école communale, y serait affecté; s'il n'est pas à l'arrosage, il y serait établi un
bélier hydrolique ou une pompe française Desvignes,
d'une force proportionnelle, conduite par un cheval,
afin de pouvoir arroser ce terrain. Chaque élève au-
dessus de sept ans en exploiterait un morceau, selon
ses forces, pendant la moitié de la journée à dif-
férentes reprises correspondant aux heures de récréation, en présence de l'instituteur qui ferait présider
aux travaux une prudente modération; car agir avec
précipitation fatigue plus qu'agir long-temps avec
retenue. Les élèves feraient un repas à midi aux
frais de l'école, où ils se rendraient au lever du
soleil, et y demeureraient jusqu'à la nuit; ils ne fêteraient point le jeudi, et n'auraient point de va-
cances; leurs travaux les assimileraient aux autres
citoyens; les orphelins indigents y habiteraient et y
seraient nourris; il y aurait un garçon jardinier
pour la direction du travail manuel des élèves, et
une houe à cheval. Quand le temps les empêcherait
de sortir, ils seraient initiés au dedans aux travaux de
préparation des grains et à la confection des usten-
siles; au besoin, la durée de cette diversion serait
diminuée dans ce cas. Une association de tous les te-
nanciers et habitants pourvoirait, au marc le franc, à

l'acquisition du terrain et des accessoires ; elle fournirait, pour la première année, les denrées nécessaires
à la subsistance des élèves. L'instituteur serait payé,
moitié par la commune, moitié par le gouvernement; il lui serait défendu de rien exiger des parents
des élèves. Avec le concours du garçon jardinier et
un traité élémentaire d'agriculture, il serait immédiatement en état d'enseigner cette science aux jeunes élèves qui, plus tard, avec les lumières de leur
raison, un traité complet et le secours de la méthode
ci-après, se formeraient d'eux-mêmes. Il est prouvé
que l'association n'aurait rien à dépenser à l'avenir
pour l'école dont les revenus suffiraient à tous les
frais.

Dans les pays où il n'y aurait pas de l'eau pour arroser, l'association fournirait les denrées ci-dessus;
l'instituteur serait entièrement payé par le gouvernement; les garçons sortiraient de l'école à douze
ans, et n'auraient que trois heures de récréation;
ils fêteraient la moitié du jeudi, et l'autre moitié
ils l'emploieraient à des études agricoles pratiques
sur un espace de terrain affecté à l'école. Un agri-
culteur serait payé ce jour là pour diriger le travail
manuel des élèves en présence de l'instituteur. Il y
aurait tous les soirs et le dimanche une école d'adul-
tes, et des enfants qui travailleraient aux champs ou
aux manufactures. L'instituteur recevrait du gouvernement 40 c. par mois pour chacun de ces enfants, sur une attestation du comité local de surveillance, constatant la présence de ces enfants à l'école.

Tous les garçons ayant aujourd'hui dix ans, qui,
parvenus à l'âge de quatorze ans, ne sauraient pas
lire, seraient marins ou, plus tard, soldats de droit,

sans qu'ils pussent jamais être électeurs tant qu'ils
ne sauraient pas lire; il en serait de même pour
tous les autres garçons, plus jeunes, lorsqu'ils seraient parvenus aussi à l'âge de quatorze ans.

Les filles de cinq à onze ans seraient aussi instrui-
tes dans cet établissement, où elles se rendraient le
matin et le soir sans y recevoir d'aliments; leurs locaux, leur terrain, ainsi que les heures qu'elles y
consacreraient, seraient différents de ceux des garçons; les orphelines indigentes y habiteraient et y
seraient nourries avec l'institutrice. Le gouvernement
et la commune achèveraient de payer ladite institutrice s'il y avait excédant de dépenses sur les recettes.
Le gouvernement la paierait entièrement dans le second cas.

Dès l'âge de dix ans, les élèves subiraient un exa-
men, qui se renouvellerait tous les six mois; un comité
spécial serait formé, à cet effet, dans chaque commune. Ceux qui auraient acquis l'instruction primaire
élémentaire et les notions voulues d'agriculture et
d'horticulture, jouiraient de l'émancipation intellectuelle, et recevraient une instruction supérieure à
l'aide de la méthode de l'enseignement universel dont
l'immortel auteur, M. Jacotot, a été amené à conclure, par le succès qui l'a couronné, que Dieu a créé
l'âme humaine capable de s'instruire seule et sans
le secours de maîtres explicateurs. Un grand nombre
d'écrivains se sont prononcés en faveur de cette méthode. Voici ce qu'en dit M. F. Ratier : «Elle n'a
pas seulement pour résultat d'abréger considérablement le temps de l'instruction et de la rendre plus
profitable, mais en permettant à tout père de famille, quelque pauvre qu'il soit, de faire ap-

prendre à ses enfants ce qu'il ignore lui-même, elle établit entre les hommes une véritable égalité : là est le bienfait qui gravera le nom de M. Jacotot dans le cœur de tous les vrais amis de l'humanité. Au reste, la marche de cette méthode est celle de la raison ; elle a été suivie par tous les hommes qui se sont placés haut dans quelque branche de connaissance que ce soit. Les fonctions du maître sont d'agir sur la volonté, de stimuler la paresse, de déterminer l'application ; il y a certitude indubitable d'arriver au but. Voici la définition qui a été donnée de cette méthode : «Être émancipé, c'est n'être plus assujetti au joug funeste des explications, ni au préjugé si flétrissant de l'inégalité intellectuelle; c'est comprendre la valeur de son âme, sa puissance et son aptitude à tous les genres d'études ; c'est savoir que la dignité de l'homme ne dépend ni de la condition qu'il a, ni des travaux auxquels il s'applique; c'est aimer à réfléchir et à se rendre compte ; c'est avoir la conviction qu'il n'est aucune limite posée par la nature à nos acquisitions intellectuelles et à notre amélioration ; enfin, c'est entreprendre à son tour une œuvre semblable à celle que nous avons prise pour modèle, afin de sortir du rang des élèves pour prendre place parmi les maîtres.»

Grâce à cette méthode, les élèves pourront apprendre les langues mortes, telles que le grec ou le latin, comme une langue vivante, dans moins d'un an, ainsi que l'expérience l'a démontré. Après avoir terminé de bonne heure leur éducation, ils pourraient appliquer les études humaines aux diverses vocations de la vie avec la plus grande aptitude.

Il y aurait chaque année au chef-lieu du canton, pour les élèves sortant des écoles, un concours sur des questions d'agriculture et pour toute autre science, au choix des élèves. Il serait décerné, pour les communes de moins de 1.000 âmes, un prix de 100 fr., et pour les autres communes deux prix : l'un de 100 f., l'autre de 50 par chaque mille âmes.

Pour la deuxième année, les anciens élèves qui auraient obtenu des prix, concourraient au chef-lieu d'arrondissement; il serait accordé un prix de 300 f. par canton.

Chaque dimanche, l'instituteur, avant ou après les heures des prières publiques, se transporterait au salon de la société fraternelle dont il ferait partie, où il y aurait sous clé la *Bibliothèque populaire* de 120 volumes ne coûtant que 25 fr., publiée, en 1833, sous la direction de M. Ajasson de Grandsagne, la *Bible* et quelques volumes du *Musée des Familles* ou du *Magasin pittoresque*. Il ouvrirait le cabinet de la bibliothèque, et permettrait à ceux qui savent lire de prendre quelques livres, qui ne sortiraient pas du salon, après avoir fait son choix le premier. Il réunirait à l'écart ceux qui ne savent pas lire, et leur lirait ou leur ferait lire, par un de ses élèves, quelques passages. Il y aurait une table avec de l'encre et du papier, un journal hebdomadaire d'agriculture et de sage politique.

RÉSUMÉ.

Améliorer la position du cultivateur-propriétaire, en ménageant ses ressources pour l'accomplissement de ses travaux progressifs déterminés, par le plus puissant mobile; son intérêt particulier, confondu

avec celui des autres travailleurs, qu'il pourrait main
ténir davantage sans se ruiner; recourir à des amendes pour contraindre les autres propriétaires à imiter
ce cultivateur; faire cultiver toutes les terres, et
empêcher qu'il y ait de mauvaises cultures, c'est ré-
pondre à tous les besoins que la terre doit raisonnablement satisfaire ; c'est faire le bonheur de tous
avec le bienfait de l'éducation, et arriver infaillible-
ment à la richesse publique par la conciliation des
intérêts particuliers avec les intérêts généraux ; car
les difficultés que présente le travail industriel seront aplanies, quand le sol produira tout ce qu'il
doit produire.

Pour cela, il faudrait, après de sages économies et
l'amélioration du sol par l'irrigation et le desséche-
ment : 1º la liberté de la circulation des produits, établie sur la nécessité des débouchés intérieurs de la
République, et sur l'égalité des droits de tous les citoyens à la même jouissance de ces produits, qu'il ne
faut pas enchérir par l'impôt, parce que la privation
de quelques-uns d'entr'eux est nuisible à la santé du
travailleur, et le rend incapable d'un grand ouvrage;
2º un délai moral pour payer les contributions, dont
les arrérages porteraient 3 p. º/₀ d'intérêt; 3º procurer à l'agriculture des fonds à 4 pour cent, au
moyen d'un crédit hypothécaire, avec faculté de
rembourser par des à-comptes de 100 fr. et au-dessus,
en supprimant presque entièrement les frais d'acte ;
4º ouvrir, par des amendes, le cercle des travaux
utiles de l'agriculture, ainsi placée dans de grandes
conditions de succès; 5º imposer fortement les terres
qui fournissent des quantités de boissons, pour met-
tre le prix de ces quantités en rapport avec les qua-

lités, et encourager la culture des terrains médiocres
en ramenant l'équilibre entre les besoins de la consommation et la production; 6° la liberté de la terre,
ou culture par le propriétaire; 7° faciliter les débouchés intérieurs des produits par de faibles droits de
transport sur les chemins de fer, créer surtout des canaux; 8° enfin, rendre l'instruction gratuite pour les
enfants du pauvre et les faire arriver au moins jusqu'à
l'émancipation intellectuelle, les nourrir, en partie,
pour les attirer davantage aux écoles en les rendant,
autant que possible, productives par une éducation
agricole-pratique combinée avec la théorie.

Nous avons trouvé la solution du problême posé
par le journal la *Démocratie pacifique*, d'après lequel il
s'agit *de trouver les institutions qui, en conservant, en
améliorant subsidiairement le régime actuel de l'industrie, assurent équitablement, pour tous, l'exercice du droit
au travail.* Ce droit consistera, dans la nécessité morale de recevoir le travail et d'en rendre le prix; il
y aura là, entre le propriétaire et le travailleur, un
contrat synalagmatique; la loi ordonnera au premier
des travaux déterminés; c'est au second d'en profi-
ter; la rétribution doit être proportionnelle à ces
travaux sans qu'elle soit jamais au-dessous des besoins
réels de la vie; mais quel autre que le propriétaire
peut-il être le juste appréciateur de cette rétribution? Il ne peut rendre que l'équivalent de ce qu'il
a reçu; voilà les principes fondamentaux de la science
économique, sanctionnés par la justice.

Enfants de la terre, cherchons notre subsistance
dans son sein en la fertilisant par des moyens bien
entendus pour leur donner l'efficacité dont ils sont
susceptibles; c'est après avoir déterminé les devoirs

qui prescrivent le travail que naîtra le droit au travail ; nous définirons ces devoirs, *ce que la saine inter-
prétation des besoins de la terre, classée de la manière la
plus favorable par le Gouvernement ou l'association,
peut prescrire à chacun de ses membres dans l'ordre
établi par la loi civile.*

Le droit au travail ne peut être absolu ; ce mot
doit être proscrit à jamais, de quelque côté qu'il
vienne, avec la tyrannie ; il a fait assez long-temps le
malheur de l'humanité. Celui-là seul trouvera du
travail qui aura la bonne volonté de le faire dans sa
spécialité. L'amour-propre doit continuer à servir de
correctif à l'indolence ; il doit être une garantie pour
celui qui fournit le travail, afin d'en conserver la
source. Mais il faut provoquer le travail comme une
source de bien-être pour tous, comme une des
grandes lois de l'harmonie sociale où chacun doit
concourir, selon ses forces. Le travailleur, ayant plus
de certitude de travailler que le cultivateur-propriétaire de recueillir, trouvera toujours le prix de ses
peines : ce cultivateur ne les compte pas ; il sacrifie
le présent à l'avenir en améliorant, et ne paraît se
préoccuper que des moyens d'existence de ceux qui
l'entourent ou de la fortune publique ! Il ne cherche
qu'à rentrer dans ses déboursés, sans y réussir aujourd'hui ; il se ruine généralement ; il s'agit de l'ai-
der à se racheter par tous les moyens possibles, car
il est la providence des autres travailleurs.

C'est en proclamant la liberté de la terre, en lui
accordant tout ce qu'elle réclame dans la mesure de
nos forces, puisées dans l'affranchissement de tous
ses produits rationnels et le crédit, que les grandes
sources du travail seront vivifiées. Le travail est obli-

gatoire pour tous; c'est une dette que nous devons
tous payer au besoin de notre existence matérielle
ou morale; son organisation est dans les éléments de
notre prospérité; établissons donc les bases de celle-
ci, voilà la question. C'est par le cultivateur-propriétaire qu'elle sera résolue. Avec les dispositions
ci-dessus il trouvera, dans le prix de revient de ses
produits plus abondants et plus appropriés aux besoins généraux, un juste dédommagement à ses
peines; il sera beaucoup considéré, son sort excitera
l'envie de tous les autres propriétaires qui, après
avoir rougi de leur nullité, voudront être aussi culti-
vateurs pour jouir d'une plus honorable existence en
s'eximant de plus fortes contributions, et des amendes qui retomberaient sur eux; il n'y aura plus de
terres sans culture, ni de travailleurs sans ouvrage,
par suite d'une noble émulation pour les bonnes cultures et les améliorations agricoles. Bientôt le reboise-
ment raisonné du pays, et surtout des montagnes, va
ramener des saisons plus propices pour l'agriculture
par les abris, et une meilleure distribution des pluies.
Les sources ne tariront plus en été, et il n'y aura
plus de désastres par les débordements des rivières,
dont les cours plus réguliers seront mieux endigués
et ralentis pour fertiliser prodigieusement le sol,
même dans la plupart des montagnes, dont les habitants n'auront rien à envier à ceux des plaines;
car, généralement, tous possèdent ou peuvent possé-
der, et leur patrimoine décuplera de valeur.

Nous arriverons enfin au bien-être général le plus
réel, avec le concours d'une administration juste et
éclairée, car elle pourra réaliser de grandes économies; elle opérera des dessèchements par des co-

lonies agricoles, qu'elle établira sur les lieux; elle viendra au secours des sociétés fraternelles, soit à domicile, soit dans les hôpitaux, dans le cas où l'incapacité de travail de quelqu'un de leurs membres se prolongerait au-delà de deux mois, et pourra enfin diminuer les charges publiques dont elle aura moins besoin, en commençant par l'impôt sur les patentes, et en suprimant, d'une manière progressive, le droit proportionnel qu'il entraîne.

La justice et l'humanité réclament en faveur du travailleur indigent dans l'incapacité de travail personnel, après ses grands sacrifices pour la famille qu'il a créée et qui se suffit à peine à elle-même; tant de dévoûment et de peines méritent une récompense; il la trouvera, s'il n'a pu l'acquérir : l'association doit y pourvoir.

Peut-être est-ce le cas d'examiner si les associations tontinières faites par l'État ne pourraient pas procurer aux classes ouvrières un bien-être qui, sans s'appesantir sur les forces budgétaires, résulterait de mises successives.

Si nos prévisions ne nous trompent pas, ce résultat pourrait être atteint ; et un vieillard, un homme infirme ayant usé ses forces à de pénibles labeurs, trouverait, après vingt ans d'une économie de 15 à 20 fr. par an, une rente tontinière qui s'élèverait à 180 fr., et qui, profitant des extinctions, arriverait, avec l'âge, à 250 et 300 francs.

Cette mise de 15 à 20 fr. peut être atteinte, sans effort, par tout ce qui est domestique à gages, dans moins de dix ans, en doublant cette mise. Elle le sera par tous les autres travailleurs, avec une économie facile à obtenir dans le courant d'une année, soit sur

le sou de poche employé le dimanche, soit sur la consommation du tabac dont on fait, dans les campagnes, un usage immodéré, soit sur les travaux qui
dépassent le prix de la journée ordinaire.

C'est là que réside l'amélioration réelle de la position des classes ouvrières; c'est là que l'attention des
hommes spéciaux doit se porter pour doter la France
de ces institutions, qui resserreront de plus en plus
les liens de la famille française et de la démocratie,
sur laquelle la République est établie.

Ce n'est pas une utopie que nous présentons. La
ville de Metz jouit déjà de ces institutions.

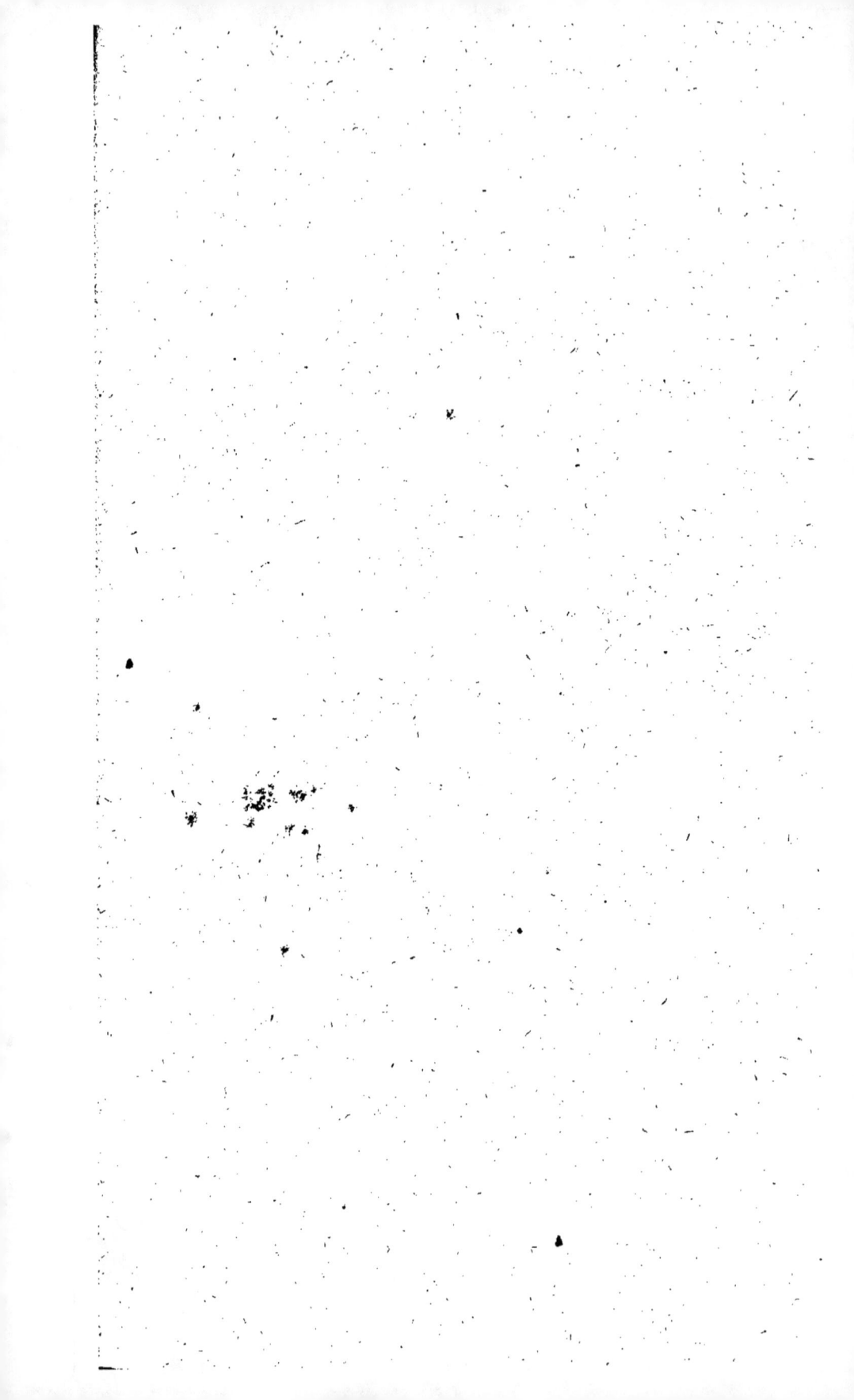

www.ingramcontent.com/pod-product-compliance
Lightning Source LLC
Chambersburg PA
CBHW071415200326
41520CB00014B/3456

* 9 7 8 2 0 1 1 2 9 5 1 4 9 *